Welche Onlinekurse habe ich gebucht?

Wir leben in einer Zeit, in der online so viel gelernt wird wie nie zuvor. Häufig gibt es Kurse auch günstig im Angebot. Das verleitet dazu, Onlinekurse auch in Phasen zu kaufen, in denen gar keine Zeit dafür übrig ist, um sie durchzuarbeiten.

Da geschieht es leicht, dass wir irgendwann den Überblick verlieren, welche Kurse wir auf welchen Plattformen gekauft haben und was nochmal das Passwort war.

In dieses Notizbuch kannst du alle Infos zu deinen Onlinekursen eintragen. So erhältst du wieder einen Überblick und die Chance steigt, dass du die Kurse auch absolvierst.

Viel Erfolg!

Onlinekurs-Übersicht | Das Original!

Kursthema:

Dozent: gekauft am: läuft ab am:

Plattform-URL: Passwort:

Lektion	erledigt am	wiederholt am

Kursthema:

Dozent: gekauft am: läuft ab am:

Plattform-URL: Passwort:

Lektion	erledigt am	wiederholt am

Kursthema:

Dozent: gekauft am: läuft ab am:

Plattform-URL: Passwort:

Lektion	erledigt am	wiederholt am

Kursthema:

Dozent: gekauft am: läuft ab am:

Plattform-URL: Passwort:

Lektion	erledigt am	wiederholt am

Kursthema:

Dozent: gekauft am: läuft ab am:

Plattform-URL: Passwort:

Lektion	erledigt am	wiederholt am

Kursthema:

Dozent: gekauft am: läuft ab am:

Plattform-URL: Passwort:

Lektion	erledigt am	wiederholt am

Kursthema:

Dozent: gekauft am: läuft ab am:

Plattform-URL: Passwort:

Lektion	erledigt am	wiederholt am

Kursthema:

Dozent: gekauft am: läuft ab am:

Plattform-URL: Passwort:

Lektion	erledigt am	wiederholt am

Kursthema:

Dozent: gekauft am: läuft ab am:

Plattform-URL: Passwort:

Lektion	erledigt am	wiederholt am

Kursthema:

Dozent: gekauft am: läuft ab am:

Plattform-URL: Passwort:

Lektion	erledigt am	wiederholt am

Kursthema:

Dozent: gekauft am: läuft ab am:

Plattform-URL: Passwort:

Lektion	erledigt am	wiederholt am

Kursthema:

Dozent: **gekauft am:**   **läuft ab am:**

Plattform-URL: **Passwort:**

Lektion	erledigt am	wiederholt am

Kursthema:

Dozent: gekauft am: läuft ab am:

Plattform-URL: Passwort:

Lektion	erledigt am	wiederholt am

Kursthema:

Dozent: gekauft am: läuft ab am:

Plattform-URL: Passwort:

Lektion	erledigt am	wiederholt am

Kursthema:

Dozent: gekauft am: läuft ab am:

Plattform-URL: Passwort:

Lektion	erledigt am	wiederholt am

Kursthema:

Dozent: gekauft am: läuft ab am:

Plattform-URL: Passwort:

Lektion	erledigt am	wiederholt am

Kursthema:

Dozent: gekauft am: läuft ab am:

Plattform-URL: Passwort:

Lektion	erledigt am	wiederholt am

Kursthema:

Dozent: gekauft am: läuft ab am:

Plattform-URL: Passwort:

Lektion	erledigt am	wiederholt am

Kursthema:

Dozent: gekauft am: läuft ab am:

Plattform-URL: Passwort:

Lektion	erledigt am	wiederholt am

Kursthema:

Dozent: gekauft am: läuft ab am:

Plattform-URL: Passwort:

Lektion	erledigt am	wiederholt am

Kursthema:

Dozent: gekauft am: läuft ab am:

Plattform-URL: Passwort:

Lektion	erledigt am	wiederholt am

Kursthema:

Dozent: gekauft am: läuft ab am:

Plattform-URL: Passwort:

Lektion	erledigt am	wiederholt am

Kursthema:

Dozent: gekauft am: läuft ab am:

Plattform-URL: Passwort:

Lektion	erledigt am	wiederholt am

Kursthema:

Dozent: gekauft am: läuft ab am:

Plattform-URL: Passwort:

Lektion	erledigt am	wiederholt am

Kursthema:

Dozent: gekauft am: läuft ab am:

Plattform-URL: Passwort:

Lektion	erledigt am	wiederholt am

Kursthema:

Dozent: gekauft am: läuft ab am:

Plattform-URL: Passwort:

Lektion	erledigt am	wiederholt am

Kursthema:

Dozent: gekauft am: läuft ab am:

Plattform-URL: Passwort:

Lektion	erledigt am	wiederholt am

Kursthema:

Dozent: gekauft am: läuft ab am:

Plattform-URL: Passwort:

Lektion	erledigt am	wiederholt am

Kursthema:

Dozent: gekauft am: läuft ab am:

Plattform-URL: Passwort:

Lektion	erledigt am	wiederholt am

Kursthema:

Dozent: gekauft am: läuft ab am:

Plattform-URL: Passwort:

Lektion	erledigt am	wiederholt am

Kursthema:

Dozent: gekauft am: läuft ab am:

Plattform-URL: Passwort:

Lektion	erledigt am	wiederholt am

Kursthema:

Dozent: gekauft am: läuft ab am:

Plattform-URL: Passwort:

Lektion	erledigt am	wiederholt am

Kursthema:

Dozent: gekauft am: läuft ab am:

Plattform-URL: Passwort:

Lektion	erledigt am	wiederholt am

Kursthema:

Dozent: gekauft am: läuft ab am:

Plattform-URL: Passwort:

Lektion	erledigt am	wiederholt am

Kursthema:

Dozent: gekauft am: läuft ab am:

Plattform-URL: Passwort:

Lektion	erledigt am	wiederholt am

Kursthema:

Dozent: gekauft am: läuft ab am:

Plattform-URL: Passwort:

Lektion	erledigt am	wiederholt am

Kursthema:

Dozent: gekauft am: läuft ab am:

Plattform-URL: Passwort:

Lektion	erledigt am	wiederholt am

Kursthema:

Dozent: gekauft am: läuft ab am:

Plattform-URL: Passwort:

Lektion	erledigt am	wiederholt am

Kursthema:

Dozent: gekauft am: läuft ab am:

Plattform-URL: Passwort:

Lektion	erledigt am	wiederholt am

Kursthema:

Dozent: gekauft am: läuft ab am:

Plattform-URL: Passwort:

Lektion	erledigt am	wiederholt am

Kursthema:

Dozent: gekauft am: läuft ab am:

Plattform-URL: Passwort:

Lektion	erledigt am	wiederholt am

Kursthema:

Dozent: **gekauft am:**   **läuft ab am:**

Plattform-URL: **Passwort:**

Lektion	erledigt am	wiederholt am

Kursthema:

Dozent: gekauft am: läuft ab am:

Plattform-URL: Passwort:

Lektion	erledigt am	wiederholt am

Kursthema:

Dozent: gekauft am: läuft ab am:

Plattform-URL: Passwort:

Lektion	erledigt am	wiederholt am

Kursthema:

Dozent: gekauft am: läuft ab am:

Plattform-URL: Passwort:

Lektion	erledigt am	wiederholt am

Kursthema:

Dozent: gekauft am: läuft ab am:

Plattform-URL: Passwort:

Lektion	erledigt am	wiederholt am

Kursthema:

Dozent: gekauft am: läuft ab am:

Plattform-URL: Passwort:

Lektion	erledigt am	wiederholt am

Kursthema:

Dozent: gekauft am: läuft ab am:

Plattform-URL: Passwort:

Lektion	erledigt am	wiederholt am

Kursthema:

Dozent: gekauft am: läuft ab am:

Plattform-URL: Passwort:

Lektion	erledigt am	wiederholt am

Kursthema:

Dozent: gekauft am: läuft ab am:

Plattform-URL: Passwort:

Lektion	erledigt am	wiederholt am

Kursthema:

Dozent: gekauft am: läuft ab am:

Plattform-URL: Passwort:

Lektion	erledigt am	wiederholt am

Kursthema:

Dozent: gekauft am: läuft ab am:

Plattform-URL: Passwort:

Lektion	erledigt am	wiederholt am

Kursthema:

Dozent: gekauft am: läuft ab am:

Plattform-URL: Passwort:

Lektion	erledigt am	wiederholt am

Kursthema:

Dozent: gekauft am: läuft ab am:

Plattform-URL: Passwort:

Lektion	erledigt am	wiederholt am

Kursthema:

Dozent: gekauft am: läuft ab am:

Plattform-URL: Passwort:

Lektion	erledigt am	wiederholt am

Kursthema:

Dozent: **gekauft am:**   **läuft ab am:**

Plattform-URL: **Passwort:**

Lektion	erledigt am	wiederholt am

Kursthema:

Dozent: gekauft am: läuft ab am:

Plattform-URL: Passwort:

Lektion	erledigt am	wiederholt am

Kursthema:

Dozent: gekauft am: läuft ab am:

Plattform-URL: Passwort:

Lektion	erledigt am	wiederholt am

Kursthema:

Dozent: gekauft am: läuft ab am:

Plattform-URL: Passwort:

Lektion	erledigt am	wiederholt am

Kursthema:

Dozent: gekauft am: läuft ab am:

Plattform-URL: Passwort:

Lektion	erledigt am	wiederholt am

Kursthema:

Dozent: gekauft am: läuft ab am:

Plattform-URL: Passwort:

Lektion	erledigt am	wiederholt am

Kursthema:

Dozent: gekauft am: läuft ab am:

Plattform-URL: Passwort:

Lektion	erledigt am	wiederholt am

Kursthema:

Dozent: gekauft am: läuft ab am:

Plattform-URL: Passwort:

Lektion	erledigt am	wiederholt am

Kursthema:

Dozent: **gekauft am:**   **läuft ab am:**

Plattform-URL: **Passwort:**

Lektion	erledigt am	wiederholt am

Kursthema:

Dozent: gekauft am: läuft ab am:

Plattform-URL: Passwort:

Lektion	erledigt am	wiederholt am

Kursthema:

Dozent: gekauft am: läuft ab am:

Plattform-URL: Passwort:

Lektion	erledigt am	wiederholt am

Kursthema:

Dozent: gekauft am: läuft ab am:

Plattform-URL: Passwort:

Lektion	erledigt am	wiederholt am

Kursthema:

Dozent: gekauft am: läuft ab am:

Plattform-URL: Passwort:

Lektion	erledigt am	wiederholt am

Kursthema:

Dozent: gekauft am: läuft ab am:

Plattform-URL: Passwort:

Lektion	erledigt am	wiederholt am

Kursthema:

Dozent: gekauft am: läuft ab am:

Plattform-URL: Passwort:

Lektion	erledigt am	wiederholt am

Kursthema:

Dozent: gekauft am: läuft ab am:

Plattform-URL: Passwort:

Lektion	erledigt am	wiederholt am

Kursthema:

Dozent: gekauft am: läuft ab am:

Plattform-URL: Passwort:

Lektion	erledigt am	wiederholt am

Kursthema:

Dozent: gekauft am: läuft ab am:

Plattform-URL: Passwort:

Lektion	erledigt am	wiederholt am

Kursthema:

Dozent: gekauft am: läuft ab am:

Plattform-URL: Passwort:

Lektion	erledigt am	wiederholt am

Kursthema:

Dozent: gekauft am: läuft ab am:

Plattform-URL: Passwort:

Lektion	erledigt am	wiederholt am

Kursthema:

Dozent: gekauft am: läuft ab am:

Plattform-URL: Passwort:

Lektion	erledigt am	wiederholt am

Kursthema:

Dozent: gekauft am: läuft ab am:

Plattform-URL: Passwort:

Lektion	erledigt am	wiederholt am

Kursthema:

Dozent: gekauft am: läuft ab am:

Plattform-URL: Passwort:

Lektion	erledigt am	wiederholt am

Kursthema:

Dozent: gekauft am: läuft ab am:

Plattform-URL: Passwort:

Lektion	erledigt am	wiederholt am

Kursthema:

Dozent:　　　　　　**gekauft am:**　　　　　　**läuft ab am:**

Plattform-URL:　　　　　　　　　　　　　**Passwort:**

Lektion	erledigt am	wiederholt am

Kursthema:

Dozent: gekauft am: läuft ab am:

Plattform-URL: Passwort:

Lektion	erledigt am	wiederholt am

Kursthema:

Dozent: gekauft am: läuft ab am:

Plattform-URL: Passwort:

Lektion	erledigt am	wiederholt am

Kursthema:

Dozent: gekauft am: läuft ab am:

Plattform-URL: Passwort:

Lektion	erledigt am	wiederholt am

Kursthema:

Dozent: gekauft am: läuft ab am:

Plattform-URL: Passwort:

Lektion	erledigt am	wiederholt am

Kursthema:

Dozent: gekauft am: läuft ab am:

Plattform-URL: Passwort:

Lektion	erledigt am	wiederholt am

Kursthema:

Dozent: gekauft am: läuft ab am:

Plattform-URL: Passwort:

Lektion	erledigt am	wiederholt am

Kursthema:

Dozent: gekauft am: läuft ab am:

Plattform-URL: Passwort:

Lektion	erledigt am	wiederholt am

Kursthema:

Dozent: gekauft am: läuft ab am:

Plattform-URL: Passwort:

Lektion	erledigt am	wiederholt am

Kursthema:

Dozent: gekauft am: läuft ab am:

Plattform-URL: Passwort:

Lektion	erledigt am	wiederholt am

Kursthema:

Dozent: gekauft am: läuft ab am:

Plattform-URL: Passwort:

Lektion	erledigt am	wiederholt am

Kursthema:

Dozent: gekauft am: läuft ab am:

Plattform-URL: Passwort:

Lektion	erledigt am	wiederholt am

Kursthema:

Dozent: gekauft am: läuft ab am:

Plattform-URL: Passwort:

Lektion	erledigt am	wiederholt am

Kursthema:

Dozent: gekauft am: läuft ab am:

Plattform-URL: Passwort:

Lektion	erledigt am	wiederholt am

Kursthema:

Dozent: gekauft am: läuft ab am:

Plattform-URL: Passwort:

Lektion	erledigt am	wiederholt am

Kursthema:

Dozent: gekauft am: läuft ab am:

Plattform-URL: Passwort:

Lektion	erledigt am	wiederholt am

Kursthema:

Dozent: **gekauft am:** **läuft ab am:**

Plattform-URL: **Passwort:**

Lektion	erledigt am	wiederholt am

Kursthema:

Dozent: gekauft am: läuft ab am:

Plattform-URL: Passwort:

Lektion	erledigt am	wiederholt am

Kursthema:

Dozent: gekauft am: läuft ab am:

Plattform-URL: Passwort:

Lektion	erledigt am	wiederholt am

Kursthema:

Dozent: gekauft am: läuft ab am:

Plattform-URL: Passwort:

Lektion	erledigt am	wiederholt am

Kursthema:

Dozent:　　　　　　　gekauft am:　　　　　　läuft ab am:

Plattform-URL:　　　　　　　　　　　　　Passwort:

Lektion	erledigt am	wiederholt am

Kursthema:

Dozent: **gekauft am:**   **läuft ab am:**

Plattform-URL: **Passwort:**

Lektion	erledigt am	wiederholt am

Kursthema:

Dozent: gekauft am: läuft ab am:

Plattform-URL: Passwort:

Lektion	erledigt am	wiederholt am

Kursthema:

Dozent: gekauft am: läuft ab am:

Plattform-URL: Passwort:

Lektion	erledigt am	wiederholt am

Kursthema:

Dozent: gekauft am: läuft ab am:

Plattform-URL: Passwort:

Lektion	erledigt am	wiederholt am

Kursthema:

Dozent: gekauft am: läuft ab am:

Plattform-URL: Passwort:

Lektion	erledigt am	wiederholt am

Kursthema:

Dozent: gekauft am: läuft ab am:

Plattform-URL: Passwort:

Lektion	erledigt am	wiederholt am

Kursthema:

Dozent: gekauft am: läuft ab am:

Plattform-URL: Passwort:

Lektion	erledigt am	wiederholt am

Kursthema:

Dozent: gekauft am: läuft ab am:

Plattform-URL: Passwort:

Lektion	erledigt am	wiederholt am

Kursthema:

Dozent: gekauft am: läuft ab am:

Plattform-URL: Passwort:

Lektion	erledigt am	wiederholt am

Kursthema:

Dozent: gekauft am: läuft ab am:

Plattform-URL: Passwort:

Lektion	erledigt am	wiederholt am

Kursthema:

Dozent: gekauft am: läuft ab am:

Plattform-URL: Passwort:

Lektion	erledigt am	wiederholt am

Kursthema:

Dozent: gekauft am: läuft ab am:

Plattform-URL: Passwort:

Lektion	erledigt am	wiederholt am

Kursthema:

Dozent: gekauft am: läuft ab am:

Plattform-URL: Passwort:

Lektion	erledigt am	wiederholt am

Kursthema:

Dozent: **gekauft am:**   **läuft ab am:**

Plattform-URL: **Passwort:**

Lektion	erledigt am	wiederholt am

Kursthema:

Dozent: gekauft am: läuft ab am:

Plattform-URL: Passwort:

Lektion	erledigt am	wiederholt am

Kursthema:

Dozent: gekauft am: läuft ab am:

Plattform-URL: Passwort:

Lektion	erledigt am	wiederholt am

Kursthema:

Dozent: gekauft am: läuft ab am:

Plattform-URL: Passwort:

Lektion	erledigt am	wiederholt am

Kursthema:

Dozent: gekauft am: läuft ab am:

Plattform-URL: Passwort:

Lektion	erledigt am	wiederholt am

Impressum
Wunsch-Notizbücher für jeden Anlass.
Anfragen an:
wunschnotizbuch@miss-millionaire.de
P. Bauer
Kiefheider Weg 10
D-13503 Berlin
Umsatzsteuer-ID: DE212057718

Onlinekurs-Übersicht | Das Original vom 6. Dezember 2019

www.ingramcontent.com/pod-product-compliance
Lightning Source LLC
LaVergne TN
LVHW092030060326
832903LV00058B/487